Poesías pasionales
llenas de amor
y realidades

Poesías pasionales llenas de amor y realidades

EUDELIO PINO

Número de Control de la Biblioteca del Congreso de EE. UU.:		2014901949
ISBN:	Tapa Dura	978-1-4633-7826-4
	Tapa Blanda	978-1-4633-7828-8
	Libro Electrónico	978-1-4633-7827-1

Este libro fue impreso en los Estados Unidos de América.

Fecha de revisión: 29/03/2014

Para realizar pedidos de este libro, contacte con:
Palibrio LLC
1663 Liberty Drive
Suite 200
Bloomington, IN 47403
Gratis desde EE. UU. al 877.407.5847
Gratis desde México al 01.800.288.2243
Gratis desde España al 900.866.949
Desde otro país al +1.812.671.9757
Fax: 01.812.355.1576
ventas@palibrio.com
521800

Con estas poesías incluyo una historia muy común en nuestra
sociedad, donde
aparece una joven muy pura y sana de
sentimientos, enamorada de un joven que,
según las calificaciones de sus familiares, es alguien indeseable.

No nos metamos en cosas del amor,
Porque es ferviente y no admite intromisión
No nos propasemos con su bella función
De otorgarle a la vida lo mejor

Lleno de amor está el universo,
Si no fuera por él estaríamos fritos,
Los rufianes alardeando a gritos,
Y los asesinos matando sin receso

Con el amor de porcentaje alto,
Es que gozamos de tanta libertad,
Sin el amor no existiría la verdad
Y viviríamos en un sobresalto

Para ser, en conclusión, más exacto,
Debemos todos los seres del planeta
Portarnos como dignos hasta la meta
Y parar a estos rufianes de sus actos

Con amor todo lo podemos,
Educando a nuestros sucesores,
Que en vez de maldad cultiven flores
Hasta que de flores el mundo esté lleno

El amor es de lo bueno el extracto,
Matizado de nobleza y lealtad
de lo celebre la celebridad
Y del respeto cien por ciento exacto

7 15 13

Hablando del amor y sus facetas,
Hay muchas conclusiones, al respecto,
De una parte la joven, amor puro y sincero,
Y de la otra parte el galán que es una veleta

El amor está ahí, de una parte ferviente,
De la otra parte, muy frío, según dice la gente,
La familia se alerta sobre esas relaciones,
Y pone atención de una forma influyente

Para enfrentar el caso han visto a un profeta,
¡El amor ha llegado! con el no te metas - Dice el Profeta
hijita querida lo hacemos por tu bien - Dice la Madre
aunque me mate un tren (no te metas) - Contesta la hija

Y así las conclusiones, según dijo el profeta,
Nos llena de emoción y nos ciega la vista,
Porque al pasar revista concluimos el caso,
Todo ha sido un fracaso... Por favor no te metas

71513

Al final la joven escapó con su hombre,
Dejando a su familia apenada y sufriendo,
Mi hija querida ¿por qué lo estás haciendo?   (Pregunta la mamá)
Por amor, amor, amor, no te asombres   (le contesta la hija)

Y esa es la historia del amor y la crueldad,
Que se desvaneció al mes siguiente,
Porque así actuó él, el indecente,   (el joven)
Hiriendo el bello amor con su cruel maldad

En él no había amor, ni pureza,
En Ella un amor sincero y profundo,
Esa es la iniquidad del mundo,
Que afronta el ser humano en su nobleza

La joven del amor hizo su meta,
Pasando por alto sus valores,
Su madre cultivó las flores
Y ella se quedó con: ¡No te metas!

71513

Muchas poesías yo he escrito
Y en ellas he exteriorizado,
El sentir de un hombre enamorado
Con sentimientos muy estrictos

No es que lo estricto nos prive,
En ningún sentido espiritual,
De apasionadamente amar
A la mujer con quien uno vive

Sino por lo contrario y abiertamente,
Les digo a los que amen con pasión,
Que entreguen todo su corazón
Con amor, fervor y mente

El amor no tiene consecuencias,
Sino las asignadas por la naturaleza,
Por eso no dudes en la certeza
De que recibirás tu recompensa

Un real enamorado nunca piensa,
Consecuencias negativas al respecto,
Porque un sincero amor es tan selecto
Que esta cumplimentado de purezas

Y si erróneamente piensas lo contrario
Yo te aconsejo que veas a tu alrededor,
Que no hay uno, sino varios,
Que aceptaran con fe mi comentario

Amor

Vives y vivirás porque eres eterno,
Eres del sentimiento la ternura.
Eres de la mañana su frescura,
Y eres de la vida su sustento

Tierno en sentimiento y alegría
Porque eres de lo bueno lo mejor.
Eres del amor el seductor
Que alaga con su gran idolatría

Eres entre los puros el más puro,
Porque tu pureza se desborda
Y a las insidias eres la sorda
Elocuencia de un apto de repudio

Eres sin preámbulos ni excusa,
De lo selecto lo más bello y selectivo
Siempre eres como el mejor amigo
Que está presente en todas las angustias.

De las angustias, pesares y problemas.
Eres el guardián en sentimiento.
Tomando en cuenta todos los elementos
Para salvaguardar todos los dilemas.

Poesías, versos, decimas o poemas
Forman tu entorno de pureza.
Saturado de esa gran nobleza
Que te enaltece en todas las escenas

El amor, un arma poderosa
Que todo ser viviente es poseedor,
Aunque quiera ignorarse, a lo mejor!,
Eso traiga espinas en vez de rosas.

El que no acepte que el amor es nuestro guía,
Esta infringiendo un sentimiento muy profundo,
Y está tratando de hacerle ver al mundo
Que todo lo que se dice es fantasía.

Yo, juzgar esos conceptos no podría,
Por ser realista y dueño de mis actos,
Ya que confundir lo erróneo con lo exacto,
Es carecer de mente en teoría.

Y si la mente no funciona organizada
No se puede esperar del organismo,
Que reaccione consigo mismo,
De una forma firme y controlada

Al final, no servirá de nada
Hacerle ver al sujeto en teoría,
Que el amor es siempre nuestro guía
Para triunfar al final de la jornada

Existen muchas ideas en mayoría,
Que manifiestan un sentido muy extenso,
A lo que en verdad es el consenso
De aceptar que el amor es nuestro guía

Como son las cosas cando son del alma?
y como es el alma cuando le faltan cosas?
son como los pétalos de una hermosa rosa,
que yacen dispersados en plena calma

Formaban la corona de una muy bella flor,
pero hoy ya forman parte de un pasado,
de lo que fue, ya ha quedado a un lado,
sin brillo, sin belleza, y sin amor

Así es la realidad de la existencia,
no importa del género que sea,
terminadas todas las odiseas
pasamos a ser la indiferencia

Si no Aceptamos estos pasos regulares,
que en la vida tenemos que aceptar,
seguro que eso será perjudicial,
para entender las cosas reales

No importa que seas sabio o muy experto,
este complejo de la figura humana
es dueño de su ley soberana,
y como dueño será, aunque muerto

Una noche lluviosa y tormentosa
Estaba yo muy triste y desolado,
Deseando tenerte a mi lado,
Pero mis deseos eran fallidas cosas

Ya las cosas eran tirantes y sin contacto,
Te habías ido para zonas lejanas,
Y nuestros sentimientos estaban confundidos,
Sin posibilidades y muchas ganas

Así son las cosas de la vida,
Muy difíciles y malas de entender,
Cuando se ama a una mujer
La separación es conflictiva

Nunca supe lo mucho que te amaba,
Nunca imagine que fuera tanto,
Pero a través de estos muchos anos,
Me di cuenta que sin ti yo no era nada

Me han faltado tus besos y tu calor,
Aunque en todo lo demás me he realizado,
He luchado mucho, he trabajado,
Y el futuro me ha hecho triunfador

Un triunfo material, si, que lo he sido
Pero me han faltado tus besos y caricias,
Para progresar ha habido pericia
Pero hambre de tus besos siempre he tenido

No se puede inventar un sentimiento,
Ya que el sentimiento llega solo,
Y no importa que tratemos de olvidarlo,
Ya que ello carece de elementos

Se ama con amor real,
Por lo contrario el amor no existe,
Tu fuiste para mi, mi gran amor,
Y ni yo, ni tú, ni nadie lo debe ignorar.

EUDELIO PINO

No existe un amor sin consecuencias
Porque el amor es excentricismo
Es algo que nos atrae con vehemencia,
Con un matiz de convivencia, para nosotros mismos

Es el amor una atracción carnal
Que nos une en vivencias y cultura,
Es como del manantial su esencia
De otorgarnos a todos su agua pura

Todos nosotros dependemos de un amor,
Mostrando rasgos de un sentimiento sano
Que nos lleva a todos los humanos
A amar sin considerar el color

El amor es como fragante flor
Que esparce su olor y su belleza
El amor es la Naturaleza
Que nos da esa atracción de amor

71513

Hablando del amor universal
Hablamos del amor y su presente,
Ya que nunca estará ausente
Este bello recinto espiritual

El amor no es locura ni desplante,
Es un sentimiento muy profundo,
Que es acogido por el mundo,
No importa si es tosco o elegante

Puede que sea un ser brillante,
Un mafioso o un mendigo impotente,
Pero sin amor no será gente
Sino un mísero vampiro errante

El amor es fragante flor
Que esparce su olor y su belleza,
El amor es la naturaleza
Que nos da esa atracción de amor

71512

Se habla del amor a la ligera,
Pero para hablar del gran amor
Es recomendable un traductor,
Que sepa del amor, la vida entera

El amor no es pasajero, ni fortuito,
Que se coge y se deshace fácilmente
El es impregnado por la mente,
Y transmitido a todo el infinito

El infinito es inmenso, y sin fin
Que no se puede superar
Ese es el gran amor carnal
No el que proclama el parlanchín

Puede que haya un parlanchín
Que hable del amor con desafuero,
Pero ese no es amor sincero,
Que llevamos los honestos en nuestra "skin"

7 15 13

Reguemos de amor el Universo
Sin pretextos, envidias ni recelos,
Abrámonos hacia el mundo entero
Cultivando una era de progreso.

Progreso y bienestar necesitamos
Para crear un mundo más hermoso
Donde todos disfrutemos con gozo
Lo que nosotros mismos cosechamos.

Todo eso con amor se puede
Porque la fortaleza del amor
Siempre hace que todo esté mejor
Cuando con el amor sucede.

Acaecen muchas cosas en el amor
Algunas veces negativas y adversas
Si hablando del amor se tergiversa
Confundiendo la espina con la flor.

El amor es una potencia muy segura,
Capaz de conquistar varios planetas,
Y no es necesario ser un poeta
Para realzar su belleza y su dulzura.

Yo insisto en que el Amor es necesario,
Imprescindible, inseparable y grato,
Ya que sin él no tendríamos lo exacto
De lo bueno que vivimos a diario.

71113

Soñando una joven con el amor
quiso averiguar de su sentido
y consultó con un amigo
pensando que era lo mejor

El amigo le dijo, Bella mía
del amor yo sé muy poco
solo sé que hay que estar loco
para entrar en esa chusmería

Chusmería dijiste gran Rufián
Si el amor es lo más bello que existe
o es que acaso no vistes
lo feliz que son Juanita y Juan

Lo que veo es un fanfarrancho
se pasan peleando todo el día
se dan patadas y mordías
ayer Juanita le dio a Juan con un gancho

Eres peor que un abismo
tu eres malo de natura
en tu mente no hay paz ni cordura
Y no pongo en duda tu cinismo

Cinismo, cordura, abismo y demonio
las faces terrenales de un planeta,
seas corriente conmigo no te metas
porque te hago que tengas matrimonio

7-15-13

Si le cantamos a los Ríos y a las flores
porque no a las montañas y Volcanes?
Porque no al peligro y ademanes?
que nos ofrece a diarios los traidores

Si nos proponemos ser mejores
porque no elaborar planes de ascenso?
para incentivar a esos centros
de dignidad y de valores

Los hombres del presente y del mañana
debemos de unificar la fuerza
para así mantener con entereza
los principios de una vida soberana

El ambiente esta caldeado en este mundo
y si no mejoramos los sistemas
van a sufrir las duras penas
los integrantes de este suelo fecundo

Fecundo debe de ser en Armonía
según los cálculos ya hechos
si le sacamos en provecho
lo que esta especulado en teorías.

Yo en mi humilde intromisión
no me aparto de mis versos y el Amor
para así dedicarlos con fervor
A esta U.S. que es mi bella nación

7-15-13

Hablando del amor y sus reacciones
tenemos que ser sinceros y muy precoz
porque solamente al oír su voz
el flechado se eriza de emociones

El amor no se ve ni se toca, es abstracto
está en todas partes y no hace ruido
del ser humano es el mejor amigo
que avanza silencioso y hace impacto

Es lo más hermoso de la existencia humana
es el bello proceso de la continuidad,
es respeto, es cariño es amistad
es la regla de vivir de la forma más sana

Para describir un gran amor
no hay que ser arquitecto ni letrado
si no Haberse sentirse enamorado
con la divina pasión de un gran Amor.

7-15-13

Hablamos tanto del hermoso y bello amor,
Y de las arbitrariedades y vicisitudes
Que enfrentan éste y sus virtudes,
Que lo hace más admirable en su valor

Las historias del bueno contra el malo,
Que ocasionan dolor y tristezas,
Son signos de la gran nobleza
Del amor sublime en desamparo

Es necesario estar muy claro,
Que los sentimientos sean genuinos,
Porque de lo contrario el destino
Puede ocasionar al bueno un desamparo

No es que sea visible, ni raro,
Son cosas que a diario se suceden
Por la ignorancia que no se mueve,
Las decisiones y conceptos claros

El caso de la joven que se entrega por amor,
Sin analizar antes las consecuencias,
Deja en ello muy claras evidencias,
Que en ese acto ha hablado un descontrol

Descontrol que no se controló,
Por falta de intuición y respeto,
Ya que a la madre se le ignoro por completo
Y trajo por consecuencia el gran error

Tenemos que tener presente el amor,
Y eso lo haremos con ternura,
Haciendo que las cabezas duras,
Balanceen bien las dos fases del amor

Amor de madre es el más puro,
Verdadero, firme y sincero,
Y a la hora de tomar decisiones,
Tomar la que le da ella es lo más seguro

7-15-13

La poesía, una de las partes de la prosa
que todos coincidimos que es ferviente,
nos relaja y endulza el consciente,
y nos anima de manera piadosa

No es necesario ser poeta
para llevar al organismo su alimento,
ya que la poesía es elemento
que nos nutre de manera perfecta

Para cantar una bella poesía,
no es necesario ser poeta,
sino aprenderte bien la letra
e impulsar con ritmo su melodía

Es la poesía un arte espiritual
que todo el mundo disfruta,
y por ello no hay disputa
ni nadie se va a cansar

Cuando se inspira un cantar,
el verso se hace elocuente,
La Prosa se hace potente,
y la cuarteta un ritual-

71513

Un enamorado tiene siempre,
la energía de confrontar un caso
un peligro una muerte o un fracaso
porque el amor fortalece su mente

Yo diría que es un prepotente
aquel que de amor se nutre
porque en su mente repercute
como algo divino y elocuente

Son tantos los factores del amor
que aglutinan ideas y poderío
es como de la corriente el rio
que la guía como algo seductor

El amor, fuerza motriz acelerada
que hace cambiar nuestras gestiones
que nos hace brincar Los corazones
con un solo gesto o una sola mirada

Cuando sentimos el amor de cerca
nuestra piel se nos eriza
el corazón corre más a prisa
y nuestra vida abre sus puertas

abre sus puertas a la felicidad
porque felicidad es amor
es como del pétalo la flor
que hace honor a su realidad

Realidad que todos aceptamos
excepto aquellos egoístas
que a la hora de pasar revista
se encuentran en sitios desolados

No hay lugar en el universo
que no haya amor y comprensión
porque el amor nos brinda la emoción
saturada de caricias y besos

7-15-13

Yo hablo del amor con gran destreza
porque he sido del amor flechado
yo he sufrido en mis carnes, muy callado
el impacto del amor con mucha fuerza

Quien no ha tenido un gran amor?
es imposible que no, porque andando
de fiesta en la vida social o caminando
actuamos sin quererlo de buen conquistador

En la playa, en el cine o en el elevador
en la guagua, en el campo o en la calle
en cualquier sitio que te halles
actuaras sin quererlo como gran seductor

Pero si nada de esto te resulta en el terreno
recuerda que en tu casa hay una madre
una Hermana, un hermano o un padre
que te brindan amor, no del carnal, pero del bueno

7-15-13

Hay conciencia hay civismo y hay amor
factores que nos llevan al progreso
no podemos deshacernos de eso
para así vivir mucho mejor

Tengamos por siempre el clamor
para no carecer el día de mañana
en esas horas muy tempranas
la carencia de un sincero amor

Teniendo un buen amor se tiene mucho
porque él nos alienta y nos relaja
es como de un brillante su caja
o como de las balas el cartucho

no es que sea experto o ducho
en esa materia del amor
pero si, si te pido por favor
que te esmeres en este caso mucho

Y al concluir esta retorica de versos
de novelas y muchas predicciones
eduquemos a nuestros corazones
a luchar por el bien y el propgreso

Ha llegado la hora de ser cierto
Y me despido con una poesía
La cual muchísimo querría
Que llegara a los oídos del prospecto
(prospecto está en la próxima página)

7-15-13

En una fecha muy lejana,
cuando yo estaba en plena juventud
vino a mi corazón una luz
que entiendo hoy era amor de gana

De gana de pureza y gran amor
es lo que he sentido todo el tiempo
porque todavía mis sentimientos
me llevan a esos sitios con fervor

Sitios que recorrimos cogidos de la mano
muy juntos y compartiendo el mismo suelo
todo lo hacíamos con esmero
disfrutando ese amor soberano

El Parque, Los comercios y Las Aceras
eran frecuentados por nosotros
mostrando de pureza nuestros rostros
con amor y con certeza donde quiera.

Los años han empañado todo eso
como destructores de lo mismo,
haciendo de lo bello un abismo
y lo bueno y hermoso sin regreso

7-15-13

No he podido olvidar aquellos besos tuyos,
que me hacían sonar de pasión infinita,
no he podido olvidar tu cuerpo junto al mío,
En el abrazo ardiente, de una intima conquista

Mi alegría son tus ojos y tu boca,
Tu cuerpo, tu sonrisa y tu andar,
Sin todas estas cosas mi existencia,
Fuera un algo sin sentido espiritual

A pesar de tu inconsistencia,
Y tu inestable sentido del quedar,
Nunca olvidare que fuiste tu.
La mujer a quien aprendí a amar.

Porque tu pretensión, desacuerdo y pelea?
Si tu eres para mi del sentido la idea,
Si por necedades te perdiera algún día
Yo me resignara a perder mi alegría.

Pero si así lo quieres y lo proclamas,
pasando por alto estos detalles
TE DIGO ADIÓS, que seas feliz,
en cualquier parte del Mundo en que te halles

Hablando del amor hay muchas voces,
Pero con certeza, hay muy pocas,
Porque cuando del amor se habla,
No puede venir de gente loca

El amor no es locura ni desplante,
Es un sentimiento muy profundo,
Que es acogido por el mundo
No importa lo tosco, o elegante

Puede que sea un ser brillante,
Un mafioso, o un mendigo churroso,
Eso es lo bonito del amor,
En ello no hay nada vanidoso

Pero analizando bien las cosas,
El amor tiene muchas facetas,
Tiene la comprensión
De un gran amor,
Y tiene la aceptación de (No te metas)

71513

El tiempo pasa y, con ello, las cosas
Buenas que la vida nos da,
Y aunque no queremos a todos nos ata,
Aquellos recuerdos que nos impactaron más

Por ejemplo, el amor, lo ferviente del alma,
Nos deja sus huellas sensibles y ardientes,
Arraigadas en nuestro cuerpo y mente,
Encendiendo del recuerdo la llama

No es coincidencia, ni algo casual,
Que esos recuerdos recurran a nosotros,
Ya que, seguramente, otros
Sufrirán de lo mismo, por igual

Es preciso y certero señalar,
Que el tiempo todo lo destruye,
Y sin piedad le va a despedazar,
Te va a convertir en polvo y gusano,
???

Los finales de un ser humano,
No están escritos ni pronosticados.
Pero, al final, es la misma historia,
De que nuestra vida es pasajera,

712

Si hablamos de la vida y su proceso,
Tenemos que tener en cuenta,
Que ella no se vende ni se renta,
Y es propiedad del Universo

El Universo lo abarca todo,
Y todo queda en sus garras poderosas,
Abarcando las rocas y las rosas,
Lo limpio y brillante y también el lodo

Es imposible analizar el modo,
De controlar tanta grandeza,
Y esa es la Naturaleza,
Que en el Universo se puede todo

Yo diría que el Universo,
Es el hogar de la Naturaleza
Porque en el actúa con destreza
Ayudando al hombre en su progreso

Su poderío, algunas veces desafiante,
Hace de lo pequeño un gigantesco,
Grosero, repugnante y grotesco
Imaginario escenario de algo errante

Algunas veces su belleza es selectiva,
Atractiva y deslumbrante,
Que cautiva a todos los amantes,
A amarse más en las fechas elegidas

Se mueve con sabiduría y fortaleza
Exhibiendo poderío y magnitud,
Pe ro siempre dando luz
Al hombre en su acto de nobleza

Analizando el caso, con certeza,
Llegamos a conclusiones definitivas,
Que la Naturaleza nos da la vida,
Nos la quita, nos da alegría y tristeza

71512

Hablando del amor hay muchas voces,
Pero con certeza, hay muy pocas,
Porque cuando del amor se habla,
No puede venir de gente loca

El amor no es locura ni desplante,
Es un sentimiento muy profundo,
Que es acogido por el mundo
No importa lo tosco, o elegante

Puede que sea un ser brillante,
Un mafioso, o un mendigo churroso,
Eso es lo bonito del amor,
En ello no hay nada vanidoso

Pero analizando bien las cosas,
El amor tiene muchas facetas,
Tiene la comprensión
De un gran amor,
Y tiene la aceptación de (No te metas)

71513

El tiempo pasa y, con ello, las cosas
Buenas que la vida nos da,
Y aunque no queramos a todos nos ata,
Aquellos recuerdos que nos impactaron más

Por ejemplo, el amor, lo ferviente del alma,
Nos deja sus huellas sensibles y ardientes,
Arraigadas en nuestro cuerpo y mente,
Encendiendo del recuerdo la llama

No es coincidencia, ni algo casual,
Que esos recuerdos recurran a nosotros,
Ya que, seguramente, otros
Sufrirán de lo mismo, por igual

Es preciso y certero señalar,
Que el tiempo todo lo destruye,
No importa si te quedas o huyes,
El siempre te va a capturar

Y sin piedad te va a despedazar,
Te va a convertir en polvo y gusano,
Y entonces ¿Por qué tanta lucha, mi hermano?
Cógelo bien, pero bien suave...que ¡Total!

Los finales de un ser humano,
No están escritos ni pronosticados,
Algunos mueren al nacer,
Y para otros su ser es prolongado

Pero, al final, es la misma historia,
De que nuestra vida es pasajera,
Y debemos mantenernos fuera,
De lo que no sea paz y gloria

71513

Si hablamos de la vida y su proceso,
Tenemos que tener en cuenta,
Que ella no se vende ni se renta,
Y es propiedad del Universo

El Universo lo abarca todo,
Y todo queda en sus garras poderosas,
Abarcando las rocas y las rosas,
Lo limpio y brillante y también el lodo

Es imposible analizar el modo,
De controlar tanta grandeza,
Y esa es la Naturaleza,
Que en el Universo se puede todo

Yo diría que el Universo,
Es el hogar de la Naturaleza
Porque en el actúa con destreza
Ayudando al hombre en su progreso

Su poderío, algunas veces desafiante,
Hace de lo pequeño un gigantesco,
Grosero, repugnante y grotesco
Imaginario escenario de algo errante

Algunas veces su belleza es selectiva,
Atractiva y deslumbrante,
Que cautiva a todos los amantes,
A amarse más en las fechas elegidas

Se mueve con sabiduría y fortaleza
Exhibiendo poderío y magnitud,
Pe ro siempre dando luz
Al hombre en su acto de nobleza

Analizando el caso, con certeza,
Llegamos a conclusiones definitivas,
Que la Naturaleza nos da la vida,
Nos la quita, nos da alegría y tristeza

71512

EUDELIO PINO

Soñando una joven con el amor
quiso averiguar de su sentido
y consultó con un amigo
pensando que era lo mejor

El amigo le dijo, Bella mía
del amor yo sé muy poco
solo sé que hay que estar loco
para entrar en esa chusmería

Chusmería dijiste gran Rufián!
Si el amor es lo más bello que existe,
o es que acaso no vistes
lo feliz que son Juanita y Juan

Lo que veo es un fanfarrancho
se pasan peleando todo el día
se dan patadas y mordías
ayer Juanita le dio a Juan con un gancho

Eres peor que un abismo
tu eres malo de natura
en tu mente no hay paz ni cordura
Y no pongo en duda tu cinismo

Cinismo, cordura, abismo y demonio
las faces terrenales de un planeta,
seas corriente conmigo, no te metas
porque te hago que tengas matrimonio

7-15-13

¿Qué es el mundo? Me preguntaría un inocente,
En aquellos tiempos ya pasados,
Y yo contestaría, complicado....complicado,
El contestarte eso está caliente

Eso era en los tiempos de antaño,
Pero ahora en la etapa presente,
Seguro le diría fácilmente,
Una bola muy grande llena de engaños

No le contestaría de forma cultural,
Hablando de planetas, astros y aerolitos
Porque en mi realidad todo eso es un mito,
Que al que no lo estudia, no le debe importar

Seguro los astrólogos, o estudiantes de planetas,
Les interese esos conocimientos tener, pero yo,
Que soy un busca vidas, hijo de Dios,
Lo mismo me da pistola que escopeta

Quiero decir esto con muy buena fe
Que es imposible abarcar muchos espacios,
Y ¿por qué extender tan grande el lazo?
Si es imposible enlazar más de uno a la vez

Todas las teorías aquí expuestas,
Tienen un objetivo general,
Que es mejor sin apostar ganar,
Y no apostar a todas las apuestas

Pero hablando del mundo en que vivimos,
Todos coincidimos en que es maravilloso,
Compuesto de hipócritas, cínicos y locos
Y de buena gente, cariñosos y divinos

Estas poesías realizan un recuento,
Parte de lo bueno y malo de este mundo,
Aunque es imposible aglutina r datos conjuntos
Para juzgar lo bueno, lo malo o lo horrendo

A la verdad eso lo siento, pero analizando el caso,
Todo es conflictivo y elocuente, pero yo amo a la gente,
Esa gente noble, sincera, cariñosa y elocuente,
Que nos proporciona ser feliz hasta nuestro ocaso

7 15 13

Hablando yo de democracia
Y experimentado sus progresos,
Estoy seguros que son esos
Encendidos por una bella llama

Llama de libertad y patriotismo,
Que enorgullece a todo el que la toca
Como si fuera de la tierra su roca,
Unidos por natural compañerismo

Libertad es lo más preciado del humano
Que refleja decisión e independencia,
Elevando al hombre su conciencia
De prestigio, y honor soberano

Es como las alas del aeroplano,
Que sin ellas no podría volar,
Es como de los ojos el parpadear,
Es como los dedos de la mano

Debemos ser buenos ciudadanos,
Y obrar como tal en circunstancias,
Y nunca perder nuestra confianza,
Y tratar de llevarnos como hermanos

Si a unos porque no les cuadra,
Y a otros porque les da pena,
No vamos a culpar al sistema
Que porque esta gorda o esta flaca

7 15 13

Circunstancias, factores y encomiendas,
Son los alegatos de la vida,
Dejando así sus secuelas,
De lo duro y sacrificio de su enmienda

Es necesario ser prudente y comedido,
Para sobrellevar los acarreos,
Que un ciudadano con deseo
Lleve a cabo todo lo prometido

La familia, sus vecinos y sus amigos,
Los compromisos adquiridos en su hogar,
Hacen del ciudadano un ejemplar
Y de lo cual el mundo es testigo

No somos redentores de un concepto,
Sino esclavos de las obligaciones
Que la vida así nos proporción
A tomar de ella el más correcto

El más correcto es lo correcto en hecho,
Porque si no lo hacemos claudicamos,
Y para el futuro nos llevamos
Miseria, necesidad y maltrechos

La familia, puntal sólido y fuerte,
Que debemos cuidar con gran cariño,
Para que aquellos, que ayer fueron niños,
Hoy les sirva de fe hasta la muerte

7 15 13

¡Amor! Llama con rasgos encendidos,
Que ilumina lo hermoso de la vida,
Y que por siempre todo el mundo admira,
Como algo que nos guía según Cupido

Cuando hablamos de amor, decimos todos,
Hablamos de un sentimiento universal,
Hablamos de la herencia espiritual,
Que forma al ser humano con decoro

El, saca al ser humano de ese todo,
Que por ignorancia lo destruye,
Y él, de lo nefasto huye y huye
Porque actuar con dignidad es su modo

No importa que seas listo o seas bobo,
El amor te da abrigo con cariño
No importa que seas adulto o seas niño
El siempre te dará sus acomodos

El amor es instantáneo y sin rodeos,
Es sentido, sin argumentaciones
Es brotado de nuestros corazones
Con sinceridad, espontaneidad y deseos

7 15 13

La belleza, algo resplandeciente!!!
que ilumina nuestros ojos en la vida,
y que siempre se respeta y se admira,
como un regalo espiritual para la mente.

Está la belleza en todos los lugares
y se refleja de muchísimas formas,
en su manifestación no hay normas,
ya que depende de los ejemplares.

Yo digo que el ejemplar es una,
es la gran belleza femenina,
Como ríe, como mira, como camina,
esa bella mujer que es una fortuna

De su cuerpo todo nos fachina,
de atracciones llamativas y tentadoras,
es como del amanecer la aurora
que a todos los hombres ilumina

Yo las admiro, las admiro tanto,
que pienso son parte del planeta,
no solo para procrear, sino,
para darle a la vida sus encantos

Es la belleza de la mujer algo potencial,
que hace cambiar todas las miradas,
para los sitios en que ellas se hallan
para contemplar su silueta sin igual

Es el ejemplo del mundo celestial,
en dulzura, gula y tentación,
es como del ritmo una canción
que nos hace a los hombres sonar

Mujer! Mujer divina, novia, esposa y madre,
Cuantos atributos? Eres tú la llave!!
Ya que sin ti no fueran reales,
Las bellas cosas que hoy son palpables

No fueran ni palpables ni vistas,
Porque sin ti no existiera el humano
Todo seria montes ríos y pantanos
Y de lo comercial no hubiera lista.

7 15 13

Que es el amor?, según la humanidad,
El amor es una cosa Hermosa,
que ilumina el alma como piedra preciosa
y nos hace feliz hasta la eternidad

El amor es algo indescriptible y grato
que ilumina la mente en su función
y llena de ternura el corazón
que al solo su mención nos hace impacto

Es un sentimiento muy hermoso
que al ser humano hace feliz
no importando su origen o raíz
sino su sentimiento que es cuantioso

El amor es una potencia arrolladora
que inspira al ser humano en su función
Es una fuerza que llena de emoción
al ser humano la vida entera

cuantas veces se ha hablado del Amor
y tantas veces de él se ha comentado
y todo el mundo sigue enamorado
y cada día se sienten mejor.

71513

Amor, no has muerto, no!
ni nunca morirás
porque amor como tú,
por siempre vivirá

Como la tierra misma,
que un día nos separo
y en ella se sembró
la primera consigna

En vano es que no quieras
disfrutar de la Brisa,
de su frescor ferviente
de la noche hechicera

Tan solo estrellas te alumbraran,
abre los ojos con ideas nuevas.
eres por siempre como huellas,
que nunca desaparecerás

Pues eres genuino, eres amor
a tu imagen vienen las emociones,
haces vibrar todos los corazones
y te mantienes con el mismo fervor

71513

Amor divino Tesoro,
que nos hace superior con creces,
que a nuestra persona enaltece
y nos hace funcionar con decoro

Cuantas veces del amor hablamos
y cuantas veces hablamos de pasión
y cuantos saltos nos da el Corazón
cuando de amor nos saturamos

No lucirá jactancioso o vanidoso
hablar muchas veces del amor.
porque al juzgar su valor
todos coincidimos que es hermoso

No importa el estado natural
ni las circunstancias de su origen
si las buenas ideas se dirigen.
con cariño sincero y sin igual

El amor es algo espiritual
que todos llevamos en nuestra sangre
ya que- con amor siempre se sacia el hambre
esa hambre infinita de amar.

71513

El amor a la patria, el amor familiar,
El amor a la dama con quien te vas a casar
Son amores distintos pero todo es amor.
unos de afecto y cariño y otros sin igual

La palabra amor encierra muchas cosas,
puede ser un cuadro, un gato o una casa,
Puede ser un miembro, un miembro familiar,
puede ser tu esposa, amiga o algo igual

Pero cuando del amor hablamos
por lo general el amor de atracción,
es del que hablamos con mucha emoción
y del que mucho, mucho recordamos

El hombre nace de una mujer,
y para la mujer el hombre nace;
por consecuencias ahí no hay clase,
salvo el sentimiento de querer

Amores hay muchos pero Buenos hay pocos,
Hay amor de familia que es el más puro,
Amores a las cosas y animales que son duros,
pero el amor carnal es el mas sincero fuerte y loco

71513

Amor, amor, palabra bendita
Que todos los humanos transportamos.
A nuestro organismo y procesamos
De una forma espontanea y fortuita

Amor es la llave del mundo,
Y esa llave abre los corazones,
Nos nutre de ansiedad y emociones
Y nos llena de ideales fecundos

Sin él no existiera el calor
Que activa nuestra sangre en las venas.
Sin el estarían las penas (y nos preguntaríamos)
Donde? Donde? ......está el amor..............

Aglutinando hechos y analizando casos,
Hacemos reverencias al amor claro y puro.
Ya que los beneficios de un amor maduro.
Fortifica la mente, feliz hasta el ocaso

7 15 13

la mujer camina y muestra su atracción,
las Flores florecen y esparcen su olor,
el amor nace y deja alrededor
su secuela de algo que oprime el corazón

El rio corre y corre con sus aguas
transportando las mismas a su destino,
el amor avanza, avanza en su camino
y te aprisiona fuertemente con sus garras

Tal carcelero Tosco y malvado,
que te encierra en su celda de amor,
y te ata sin dejarte otra opción
para que puedas huir de su lado

El amor! arrogante, valiente y atrevido,
que hace de sus sentimientos una fortaleza
y que no teme a nada por su presa
siempre y cuando la mantenga en su nido

En su nido de amor calientico,
ese amor se mantiene un gigante
porque el amor cuando tiene su nido
es feliz, feliz y no admite intrigante

7 15 13

Como manejar tu vida desorganizada?
la tarea es de gran envergadura,
pues lo primero es la postura
de un ser humano en desventaja

Tienes que meterte en la cabeza
los pasos a seguir en tu existencia,
mostrando interés en la advertencia
de que las cosas se hagan con certeza

No te puedes olvidar de ser cortés
y de actuar siempre con claridad,
y mostrar amabilidad y voluntad
teniendo siempre en cuenta lo que eres

Los preceptos, argumentos y hechos
son canales de una vida organizada,
Pero no te servirá de nada,
Si no lo sabes manejar con provecho

Lo primero que hacer, es llevar,
los niveles de tu integración,
para así tomar siempre la acción
de lo que eres y puedes demostrar.

7 15 13

El cielo, el sol, la luna y las estrellas
su pelo, su cara, sus ojos y su boca
un contraste divino que a mí me provoca,
a juntarlos todos y pensar solo en Ella

Ella es la fragancia de lo bello y lo Bueno
sus recuerdos me atan a todas esas cosas
son recuerdos tan gratos que siempre me provocan
a que mi mente vaya a todos los extremos

Extremos de pensar que si fue o no seria,
extremos de pensar, que si yo lo hubiera hecho,
extremos de pensar, que quizás es mu y cierto,
que soy bobo o estúpido pensando boberías

Pero las circunstancias no han cambiado las cosas,
porque a pesar del tiempo los recuerdos perduran,
pensando que, si hubiera habido ayuda,
seguramente todo, fuera color de rosas

Yo me digo a mi mismo, la gente entenderá?
no es fácil entender, lo confieso yo mismo,
esa historia es muy larga y tiene algo de abismo,
porque con sus enredos cualquiera dice, YA!!

7 15 13

Que es el amor?, según la humanidad,
El amor es una cosa Hermosa,
que ilumina el alma como piedra preciosa
y nos hace feliz hasta la eternidad

El amor es algo indescriptible y grato
que ilumina la mente en su función
y llena de ternura el corazón
que al solo su mención nos hace impacto

Es un sentimiento muy hermoso
que al ser humano hace feliz
no importando su origen o raíz
sino su sentimiento que es cuantioso

El amor es una potencia arrolladora
que inspira al ser humano en su función
Es una fuerza que llena de emoción
al ser humano la vida entera

cuantas veces se ha hablado del Amor
y tantas veces de él se ha comentado
y todo el mundo sigue enamorado
y cada día se sienten mejor.

7 15 13

Amor divino Tesoro,
que nos hace superior con creces,
que a nuestra persona enaltece
y nos hace funcionar con decoro

Cuantas veces del amor hablamos
y cuantas veces hablamos de pasión
y cuantos saltos nos da el Corazón
cuando de amor nos saturamos

No lucirá jactancioso o vanidoso
hablar muchas veces del amor.
porque al juzgar su valor
todos coincidimos que es hermoso

No importa el estado natural
ni las circunstancias de su origen
si las buenas ideas se dirigen.
con cariño sincero y sin igual

El amor es algo espiritual
que todos llevamos en nuestra sangre
ya que- con amor siempre se sacia el hambre
esa hambre infinita de amar.

7 15 13

A UNA BELLA MUJER..............

Mujer bella, Bella fuiste,
Bella porque así naciste,
y entre las bellas fuiste,
siempre fuiste la más bella

Tu cabello de oro adornaba tu piel,
tus hermosos ojos reflejaban amor,
tus carnosos labios inspiraban tentación,
y tu rostro divino; eras tú, mujer!!

Cuantas cosas divinas te ha dado Natura,
cuantos atributos te ha otorgado Dios
cuantas cosas buenas de ti pienso yo,
y seguro todo esto contigo perdura..

Perdura y perdurará, hasta el más allá,
porque has sido el Ada luminosa,
que brillo siempre como una Diosa
y los créditos de Diosa, siempre los tendrás

Y además de estas cosas que a ti te pertenecen,
están los recuerdos, los recuerdos venditos,
de los tiempos felices que estábamos juntitos,
de aquellos tiempos buenos que aun nos pertenecen

7-15-13

El hombre se inspira en lo que ve,
La mujer se inspira en lo que siente
El mafioso se inspira en el metal
y el Dr. se inspira en su paciente

Lleno de inspiraciones esta el Mundo
y es así como avanza día a día
todo está basado en teoría
para así alimentar algo fecundo

No es lo que digamos o decimos
sino lo que se entiende por lo cierto
no es lo que vivimos o morimos
si no es que estamos vivos o estamos muerto

Y con conjeturas al respecto
nos llevan a decisiones indecisas
no es que caminemos muy despacio
o que aceleremos muy a prisa

Esos son los laberintos de la vida
por los cuales tenemos que pasar
son inciertos y llenos de asperezas
pero seguramente tenemos que cruzar

Y al final pagaremos con creces
esa travesía ardua y fecunda
dado que como ella es única
el respeto de todos merece.

7 15 13

Nacimos crecimos y morimos,
esa es la historia de la vida.
componemos de la historia una misiva,
y al final nunca sabemos lo que fuimos

Quien fuiste, donde estabas y porque,
son los signos de interrogaciones,
como sufrían los corazones?
al ver tu ignorancia y poca fe

Esa es la realidad de las historias
que agrupan ideas y titulares,
de lo que hiciste y no hiciste
y al final te ha fallado la memoria

Según los argumentos y alabancias,
todo lo que se ha hecho es lo mejor,
en la vida se ha sido un triunfador,
y a la verdad todo ha sido una vagancia.

Vagancia y desafuero de pueblos y países
que a mansalva saquean los gobernantes,
robando a manos llenas y siendo errantes
a la hora de crear todas las crisis

7-15-3

La política, movimiento popular,
Que usa la democracia en su sentido
De que los ciudadanos usen partidos
Elaborando un emblema electoral

Cuando se habla de votar,
Todos los partidos se aglomeran,
Izando cada uno su bandera,
Del partido que los va a representar

Es una cosa muy usual, el ejercer
Sin presión, ni antagonismo
No como el sistema, comunismo
Que ejercen la fuerza del poder

Es necesario y bien reconocer,
Que la democracia es libertad,
Es el espacio para la hermandad
Saturado de amistad y de placer

Es la esencia del buen educador,
Que se educa con libertad y ensueños,
Es de la gran felicidad, el dueño,
Que nos hace del ser humano redentor

La democracia es bendita teoría
Ejercida por un poder muy sano,
Que disfruta cada ciudadano,
Cono honor las 24 horas del día

7 15 13

Hemos hablado tanto de los hechos
argumentos, conflictos y problemas,
que vamos a cambiar el tema,
para que sea más pintoresco

A estas posturas, con pertrechos,
de teorías hemos escalado,
hablando en sentido figurado
de lo que nos sirva de provecho

No es de lo ancho ni lo estrecho
sino de lo convencional
para así poder aprovechar
y que sea todo el mundo satisfecho

Hablemos de los conflictos y problemas
originados todos por las tierras,
y si mencionaremos a las guerras,
que son ambiciones y dilemas

La tierra, La tierra es una y compartida
pero algunos piensan que son dueños,
y a matar y destruir toman empeño,
y por sus ambiciones dan su vida

La tierra es única y por vida.
aunque dividida en pedazos,
para que cada uno use sus brazos
y para ellos es bendecida

7-15-13

Sigamos con la tierra y su proceso
Porque hay muchas cosas que contar,
la tierra es un centro laboral
y ella fue creada para eso

Hay muchas ambiciones por su suelo,
las cuales son territoriales,
Fincas, Cultivos y Centrales,
que los hombres mantienen con anhelo

Para eso es la tierra y su objetivo,
para que el hombre la explote con amor,
y que sea regada con sudor,
de sus hijos libre de enemigos

Pero la ambición del poder destroza el sentido,
de lo Bueno, de lo puro y de lo libre,
con una opresión macabra y terrible
y de lo que El Mundo es siego testigo

Amigos y enemigos, vivos estamos,
y fieles servidores, A DIOS GRACIAS,
de una libre y transparente DEMOCRACIA
que todos los días por ella rezamos

Países libres hay muchos, y digo,
que es la inmensa mayoría,
yo me refiero a los que hay y había
que pocos han recibido su castigo.

7 15 13

Versos, política, drogas y libertad,
Han sido los factores de este libro,
Tratando de hacer un equilibrio
Para toda nuestra comunidad

Refiriéndonos a toda la verdad,
Sin alterar un concepto malicioso,
Sino exteriorizar lo malo y hermoso,
Alrededor de nuestra sociedad

Escribiendo toda la maldad,
Haciendo un consenso en los factores,
Para no crear dolores, malestares,
Rencillas, envidias y desigualdad

Hablando con la gran realidad,
Que encaramos en la vida cotidiana,
Para no lamentarnos mañana
De haber sido inexacto en la publicidad

Publicar, decir, y argumentar,
Son factores que hay que tomar en cuenta,
Ya que las consecuencias pudieran ser cruentas,
A la hora de a ellas contestar

7 15 13

Hablemos de la droga y el abismo
Que son gemelas en fechorías,
Una la ingieres con mucha idolatría
Y el otro pone garras a tu organismo

De la sociedad el escepticismo
Por encontrar un remedio a eso,
Pero ella sigue con progreso,
Destruyendo del pueblo su optimismo

Tenemos que controlar el caso,
Que es muy urgente y maligno
Ya que según sus signos
Avanza a gigantescos pasos

No creo que resultaría un fracaso,
Controlar esta enorme epidemia,
Que según las estadísticas enseñan,
A la humana sociedad la lleva a un colapso

Hay que agigantar muy bien el paso,
Y poner freno al descontrol,
A esta juventud que pone amor,
A esta destrucción, paso a paso

Tal vez nosotros hoy, hasta nuestro ocaso,
No nos toque ver ese final,
Pero nuestros seguidores regulares
Probablemente enfrenten ese macabro caso

Estoy consciente que es un embarazo
Muy fuerte de enfrentar en el planeta,
Pero si todos decimos "no te metas"
Tendremos que sufrir ese colapso

7 15 13

Tu eres bella entre las bellas,
y hermosda entre las hermosas
dentro de tu jardin de rosas,
tu eres del jardin la estrella

Tu hermosura y elegancia,
hacen juego con tu estilo,
por eso hay un suspiro,
envolviendo tu fragancia

No es sentirse equivocado,
por esa atraccion carnal,
sino que la creo real,
el hallarme entusiasmado

No me siento despechado,
porque ignores mi intencion
yo lo hago de corazon
que eso a ti te quede claro

No es teoria ni verso,
el hacer manifestaciones,
sino abrir los corazones,
y que sirva de consenso

Este sentimiento extenso
es algo muy natural,
ante tan bello ejemplar,
que eres tu, asi lo siento

No nos apartemos del problema de la droga,
Seamos reales y afrontemos la gran verdad,
Estar atento contra ella es una gran necesidad,
Esto no es cuestión de mañana, sino ahora

Esos padres, vecinos, amigos y parientes,
Deben de estar muy conscientes, y ser activos,
Por si alguien allegado está bien metido
En ese desastroso negocio mata gente

Cuantas tragedias suceden a diario,
¿Qué pasa con esa familia ignorante?
Que en vez de tratar de evitar lo indignante,
Hacen caso omiso a la entrada del diablo

De tus hijos: ¿dónde, cuándo y por qué?
Quienes y cuántos son sus compañeros?
¿Cómo se desenvuelven en su suelo?
¿Son cariñosos, nobles, sinceros y de fe?

Es necesario ser muy cauteloso,
En cuanto a los jóvenes me refiero,
Porque la juventud gasta dinero,
¿Y en qué lo gasta? Saber quiero

Un joven debe gastar lo necesario,
Y en cuanto a la cantidad es importante,
Una cantidad que cubra, sin sobrante,
Y de esta forma se evita un arbitrario

Un arbitrario muy raro que se otorga,
Porque ese sobrante es intrigante,
Y si no damos fe de ese sobrante
Ese es el causante de la droga.

7 15 12

SOBRE EL AUTOR

Mi nombre es Eudelio Pino, cuando joven mi familia y amistades me llamaban Eude.

Soy de una zona agrícola, Ingenio Central Resulta, Sagua La Grande. Cuba. Cuando tenía 17 años mi familia y yo nos mudamos para ciudad de Sagua La Grande y allí nos dedicamos todos al giro gastronómico hasta que vinimos para este país en el 1962.

En este país he hecho de todo como la mayoría de Los Emigrantes. El 1969 obtuve la Licencia de Bienes y Raíces (REAL ESTATE), y eso es lo que he estado haciendo hasta ahora A.D.G...

Desde joven siempre me ha gustado la poesía, pero siempre la escribía para mí mismo, y ahora de mayor decidí escribirla para el público, si les gusta que la disfruten es mi mayor deseo.

Respetuosamente.

Eudelio Pino

Printed in the United States
By Bookmasters